DES CONCESSIONS

AU SUJET

DE LA CENSURE FACULTATIVE.

> Les journaux! étrange institution, par laquelle il est trop prouvé que des plus petites causes résultent les plus grands effets; sur laquelle, autant la querelle est misérable, en se confinant dans le cercle des intérêts privés, autant la discussion est imposante, en se transportant dans la sphère des droits et des besoins sociaux. (*Des Journaux*, etc. , *Suite* , p. 7.)

PARIS,

A. PIHAN DELAFOREST,

IMPRIMEUR DE MONSIEUR LE DAUPHIN ET DE LA COUR DE CASSATION,

Rue des Noyers, N° 37.

1828.

On parle d'un projet de loi sur la presse périodique. L'œuvre est peut-être précoce : c'est en cette matière surtout que les concessions doivent être restreintes ; c'est sur ce point même, que les exigences se montreront impérieuses.

En tout cas, une telle loi requiert d'être établie en la manière la plus large et la plus ferme à la fois : ainsi que l'ébauche en avait été rendue, dans le résumé des brochures publiées en 1827.

« En rétablissant la liberté de publier des journaux, en abolissant le cautionnement et le timbre, en réduisant le tarif de la poste et permettant tout autre mode d'envoi :

« On aura des journaux à trois fois par semaine ; des journaux du soir extraits des autres ; des journaux rivaux dans la même opinion ; enfin des journaux en *errata*.

« En abrogeant la peine de prison et laissant toute latitude aux amendes, en appliquant la suspension et la suppression, en poursuivant et punissant la réapparition, en conservant la censure facultative :

« On aura une répression prompte, exacte, rigide par les cours de justice, sous le coup de laquelle cesseront tous les excès, tous les périls ; à l'abri de laquelle s'accompliront les vœux d'un célèbre écrivain.

« *Il faut prendre un gouvernement tout entier.* »

Lᴀ fatalité innée du dix-neuvième siècle , parcourt d'un vol accéléré, le cours de ses phases de plus en plus désastreuses , et se manifeste aux bords de l'horizon politique , sous des aspects d'une effrayante analogie.

En Angleterre, en France , un ministre adoré , un ministre détesté , presqu'au même instant parvenus au pouvoir , et l'ayant exercé long-temps dans un système prononcé , disparaissent ; l'un sous le coup de la mort, que hâtèrent des travaux obstinés et contrariés ; l'autre devant les cris de l'opinion , qu'excitèrent des erremens indignes, ineptes.

Or , sous l'ombre étouffante de leur sceptre , qui couvrait en entier le sol de la société, nul être nouveau n'a pu s'élever, se fortifier, et les existences déja mures ont dû se faner, se dessécher.

Tellement que la renommée ne porte personne, que la vanité appelle tout le monde, à s'installer sur les sièges du conseil ; et la table étant de taille limitée , il s'élève entre les prétendans , une violente rixe , à laquelle la lassitude et la honte

seules, mettront un terme, car la matière ne man-
quera jamais.

Malheur à ceux que le sort y fit asseoir les pre-
miers ! Cette position exhaussée les rapetisse au
lieu de les grandir , devant l'œil louche de la ja-
lousie , et les expose aux traits souvent inconsi-
dérés de la défiance , au lieu de les garantir sous
l'égide du respect.

Peut-être y avait-il lieu de croire, que si le
choix de la couronne, ne peut soustraire les actes
patens , au blâme et aux critiques ; du moins
ce choix même , avant qu'aucuns actes eussent
apparu , devait protéger les personnes , abstrai-
tement parlant.

Mais se défier , se plaindre , sont passés en habitude ; les noms seuls ont changé : d'autres ministres sont encore des ministres. C'est, à trop
juste titre , dans l'origine ; c'est, sans motifs vala-
bles par la suite , que ce mot cabalistique jette
l'effroi : et l'opposition est aussi âpre , tandis que
les moyens de défense sont plus faibles.

On ne veut pas reconnaître que dans l'ordre
naturel , la réaction procède de l'action , et que
des oscillations en sens inverse se succèdent né-
cessairement. On ne peut pas se persuader , que
derrière ces partis qui s'agitent sur le théâtre et
frappent l'air de leurs cris , il existe une masse

neutre, dont le poids l'emporte enfin, une masse dirigée par l'instinct plutôt que par la réflexion, à laquelle l'art ne fut pas donné de pénétrer sous le voile des apparences, de démêler la vérité essentielle.

Dans son idée trouble et confuse, l'homme représente le parti, le nom constitue la chose : si le nouveau ministère fût descendu des mêmes bancs, d'où l'ancien s'était élancé, à peine sensible à la dissemblance des caractères, elle aurait supposé l'identité du système ; et le mouvement d'insurrection morale, reprenant plus violemment, plus opiniâtrement, serait parvenu à arracher un ministère de l'extrémité opposée.

On devait plutôt se féliciter, on devait surtout se repentir, car la leçon avait été donnée à propos.

« Plus le temps s'écoule, plus les périls s'amoncèlent ; la nécessité, qu'on essaie d'esquiver, est d'autant plus dure à subir.

« Enfin, les destins auront parlé ; et le ministre tombe, ayant refoulé l'opinion vers les bords ennemis, ou du moins sur des rives étrangères.

« Il faudra piquer le drapeau, dans son noyau même ; ailleurs, le premier souffle l'abattrait.

« Mais, l'opinion s'écarte, s'écartera de jour en jour : en retardant de prendre un parti, on ne se doute pas du lieu reculé, du lieu encore voilé, où se rencontrera le noyau, où devra être trans-

porté le drapeau. » *Un Français aussi au Minis-*
tère , mai 1827.

Quand l'opinion s'est tellement éloignée, pour
la ramener, le premier point est de la rejoindre.

Quand l'opinion est tellement aliénée, pour la
gagner, le second point est de lui céder.

Cependant on s'élève , on s'irrite contre des
tentatives d'union et de fusion entre les partis;
tandis qu'on devrait au contraire se reprocher
d'avoir rendu le pacte d'alliance encore plus ur-
gent et d'autant plus pénible.

Le sceptre s'étend également sur tous les sujets : la tâche ne sera accomplie, la gloire ne sera
acquise, la sécurité ne sera assurée qu'alors que
tous les sujets seront ralliés autour du sceptre.

Qu'on use du privilège de se dévouer; le mo-
ment même y invite et la voie est tracée : qu'on
se tienne à l'écart, qu'on se retire au loin.

Mais qu'on n'envahisse pas le monopole d'aimer
et de servir : toute ame honnête , tout esprit
sensé, y ont un droit commun.

Seulement quand tous les vœux appellent l'u-
nion, la fusion , à peine quelque vague espoir leur
répond.

Voyez donc de ce bord, quel est le nombre,

quel est l'accord, quels sont les talens, quels sont surtout les présages.

La violence même n'a d'autre arme que la parole ; la violence ne tourne qu'en menaces, en injures : et la crainte ne s'émeut pas ; c'est la colère qui éclate. Le parti attaqué en masse fera corps de plus en plus ; le parti frappé d'un anathême irrévocable, restera dans l'impénitence finale.

L'Eglise se conduit de toute autre sorte : ne condamnant jamais par catégories, n'excommuniant pas sans recours à la miséricorde.

Que l'Etat imite l'Eglise, quêtant çà et là le repentir, propageant peu à peu la persuasion, se faisant petit avec les petits, et, pour ainsi dire, pécheur avec les pécheurs.

Que l'Etat imite l'Eglise, s'efforçant à enlever au démon les ames séduites, à éclairer les bandes entraînées sur des voies coupables, à détacher, tantôt un rang, et tantôt l'autre, à les isoler enfin de leurs meneurs.

Dans la vérité, le parti n'existe qu'en tant qu'il emprunte de ses chefs, l'accord, le mouvement ; et le parti, lorsqu'il comprend la grande majorité des peuples, représente la masse neutre, cette masse qui, effrayée, aigrie, menace l'ordre des choses ; qui, apaisée, adoucie, en garantit le maintien.

Eh! qui donc, pour peu qu'il se dise royaliste, n'aspirerait pas à dégager la masse neutre, de cette forme accidentelle, à lui restituer son caractère primitif, à la remettre en liberté, en dissolvant, en anéantissant le parti.

Pour la couronne, c'est l'œuvre du devoir, de rappeler au bercail les brebis égarées; c'est l'œuvre du salut, de réunir sous ses bannières les guerriers embauchés.

Or, des sacrifices, des concessions, bien que cette expression révolte, sont indispensables, inévitables : ils viennent en compensation naturelle des envahissemens, des violations qui ont eu lieu; ils répondent à la nécessité du rétablissement de l'équilibre troublé, renversé.

L'Etat est un : il lui faut expier les torts qui ont été commis, il lui faut inspirer la foi, fonder l'espoir, effacer le passé, disposer l'avenir.

Sous ce rapport, la juste ligne a déja été tracée.

« Les concessions entièrement libres ne perdent jamais; les concessions absolument forcées ne perdent pas non plus : elles annoncent seulement que tout est perdu.

« Entre les unes et les autres, se présentent des concessions de nature délicate, demi-libres, demi-forcées, auxquelles on est amené, soit par des craintes légitimes, soit par une peur puérile.

« Si la peur commande, on suscite l'audace, l'exigence; c'est créer le péril

« Si les craintes déterminent, on gagne du temps, on acquiert des moyens : c'est du moins assoupir le péril.

« Quant à Louis XVI, souvent les conseils de la peur, soufflés par des traîtres, l'ont égaré ; et souvent des flatteurs l'ont induit à mépriser les plus justes craintes.

« Deux causes opposées se sont réunies pour le perdre. » (*Ibid.*)

Il y a des concessions obligées, des concessions obligatoires : celles-là qui sont faites à l'opinion, après que par l'effet du mouvement des esprits ou à la suite des erreurs du pouvoir, elle a acquis de la force et s'est mise en autorité; celles-ci qui sont faites à la conscience, après que la règle a cédé la place à l'arbitraire et que la légalité a été violée par la déloyauté.

Les premières altèrent l'ordre des choses, s'ingèrent au vague de l'avenir, non sans obstacles et sans périls; car à travers le chaos des évènemens contingens et le dédale des réactions mutuelles, il n'est point donné au législateur, de prévoir le résultat final de ses actes. C'est une révolution.

Les secondes rétablissent l'ordre des choses, s'appuient sur le sol du passé, avec l'approbation générale, avec la plus parfaite sécurité. C'est une restauration.

Faut-il en rendre grace à l'ancien ministre ? Sous tous les points de vue, quant à la religion et à la royauté, quant à la politique et aux finances, quant à l'administration intérieure, ses erremens ont été tels, qu'en prenant le contre-pied, en suivant la voie opposée, on parvient à la fois, à obéir aux lois de la conscience et à contenter, sans y songer à peine, les vœux de l'opinion.

Qu'on ne sorte pas de là ! C'est assez pour dissoudre le parti, pour débander ses rangs et les rallier au royalisme : c'est assez pour transmettre au ministère, le crédit nécessaire à l'exercice de ses fonctions.

Et si les meneurs, les brouillons, affichent d'autres prétentions, qu'on ne les écoute pas : ou plutôt qu'on les écoute, mais dans la vue de connaître leurs desseins, avec la volonté de déjouer leurs complots.

Aussitôt que la justice aura obtenu les concessions qu'elle réclame, la force se produira d'elle-même, pour repousser les exigences des factions.

Disons mieux : les exigences satisfaites, bien loin de tendre au retour du calme et de l'accord, en premier lieu, voient l'ambition, de plus en plus emportée, ne s'arrêter à aucun terme, tant que le triomphe vient l'y rejoindre et pousser jusqu'à un point, qui dépasse les limites du possible.

En second lieu, comme elles sont entendues dans l'intérêt personnel des chefs, tantôt couronnant des vœux émis et soutenus par eux, tantôt les installant dans des places éminentes, elles ont l'effet certain d'accroître leur renommée et leur influence, d'élever encore et de consolider leur puissance sur des sectaires aveuglés.

Si bien que la satisfaction des exigences opère en sens contraire des fins qu'on se propose.

Mais autant les chefs sont insatiables, autant la foule qui n'a point de prix à gagner, qui n'a qu'à perdre le temps et le repos, est lente à tirer de l'apathie et prompte à rentrer dans la neutralité.

Il lui faut si peu : voyez seulement en quoi, au fait et au fond, ces griefs, ces plaintes, ces reproches, dont il est fait tant de bruit, non sans les plus justes motifs, pèsent et frappent sur la foule, sont saisis, sont sentis par la foule.

Eh! bon dieu, l'homme de malheur dans son interminable ministère, n'a réussi à mettre le désordre dans le camp français, qu'au moyen de deux stratagêmes inconnus au *frontin* grec.

D'abord en portant le soin le plus scrupuleux à se mettre toujours en tort, de sorte à donner toujours raison au parti hostile ; puis en employant l'art le plus consommé à discerner, à découvrir dans chaque individu, la fibre vraiment sensible et en l'attaquant à chaque instant, en mille manières, jusqu'à la jeter dans l'état de crispation.

Enlevez l'appareil de torture ; délivrez les membres endoloris ; laissez s'appliquer le baume du temps : et les plaies encore vives se cautériseront ; des chairs nouvelles se reformeront. Dans l'organisation de l'être social, on verra renaître l'harmonie et la quiétude.

Il n'y a pas lieu à des concessions obligées, sous Charles X, comme sous Louis XVI. Après une lutte pénible et long-temps incertaine, le siècle est rendu et n'aspire qu'à faire une pause, sauf que, des fous ne viennent le harceler et l'assaillir.

A vrai dire, la fatigue l'arrête et l'inquiétude le retient : tant de peines prises, tant de risques encourus, tant de désastres essuyés, depuis quarante ans, ne lui paraissent pas dûment compensés, par le prix acquis au dernier terme. C'est au sein du loisir que la force lui reviendra, afin qu'il puisse avancer, que la réflexion lui apprendra quand il doit avancer.

Car la destinée, la fatalité si l'on veut, commande. Parmi les temps qui sont lancés successivement, qui franchissent les uns par dessus les autres, les plus jeunes, pleins de vigueur, ne se soumettront jamais au joug des anciens, tombés en décrépitude. Ici bas, tout est mouvement, changement : l'homme est forcé de subir la loi générale, est réduit à tempérer le mouvement, à préparer le changement.

Or, des fins aussi précieuses ne peuvent être obtenues que par l'alliance de la justice avec la force. Et la force dédaigne de recourir aux concessions obligées, tandis que la justice ambitionne d'accomplir les concessions obligatoires.

Cette dernière sorte de concessions, qui n'a de commun avec la première sorte, que le nom, porte le caractère d'une œuvre de réparation, de restauration : il est dans leur nature de ramener au point de départ, sans rétrograder par delà, sans s'avanturer en deçà.

La voie à suivre, est plus ou moins large ; mais elle est bornée et tracée entre deux murs d'airain. Il ne s'agit pas de faire le bien, tentative généreuse en principe et périlleuse en pratique ; il n'est question que de défaire le mal, entreprise dont la sécurité égale l'utilité.

Cependant un être est apparu, tenant du démon pour l'habileté vis-à-vis les hommes, et de l'enfant pour l'ineptie à l'égard des choses, dominé par une suffisance sans pareille et doué au même

degré, des apparences de la modestie, de la sim-
plicité.

Lequel dans la législation, sans qu'il y ait à
lui reprocher, ni manque de foi, ni défaut de
zèle, envers son auguste maître, a troublé et
brouillé les esprits, en pure perte, n'exposant jamais que des projets oiseux, rencontrant le plus
souvent des échecs funestes, et compromettant
ainsi en double façon, l'autorité morale de la
couronne :

Lequel dans l'administration, bien qu'il faille
lui reconnaître de l'intégrité et de la moralité au
sein de la vie privée, s'est laissé aller tantôt dans
la vue de favoriser ses systèmes, tantôt par le
besoin de défendre sa personne, à trahir des paroles solennelles, à violer les lois constitutives, à
relâcher et pervertir les consciences ; enlevant à
la fois au royalisme, et l'honneur si long-temps
gardé, et le crédit à peine naissant.

Qu'on défasse ce qu'il a fait ; qu'on refasse ce
qu'il a défait : et qu'on se borne là.

Réparez-donc ; restaurez-donc : en tout ce qui
est matériel, les moyens vous sont offerts. Et seulement quant à ce qui tient à l'ordre moral, les
succès seront lents.

Un instant suffit à la hache inconsidérée, pour
trancher par le pied, pour abattre l'arbre anti-
que : et sa renaissance a besoin d'être protégée,

d'être nourrie par les influences bénignes du temps, en la même manière que l'avait été cette tige majestueuse, maintenant couchée sur le sol, bientôt réduite en poussière.

Déja de grands pas ont été faits dans la droite voie, même avec trop de vitesse, ou du moins quelque peu au hasard; et peut-être faudrait-il s'en plaindre, si les desseins étaient autres que d'appaiser, d'amortir par les leurres de l'espérance, la fougue effrénée des passions.

Des commissions ont été établies; démenti le plus sanglant qui put être donné à cette vanité usurpatrice, aux yeux de laquelle les talens, la science, la vertu sans doute, étaient renfermés dans le cabinet particulier des excellences déchues; aveu le plus éclatant qui dût être proclamé par un ministère circonspect et consciencieux, dont la tâche consiste à recueillir les rayons épars de lumière, dans un foyer commun.

Les commissions pour les conflits, pour les petits séminaires, sont éminemment propres; l'une à réprimer enfin un scandale également nuisible aux autorités administratives et judiciaires; l'autre à montrer au public égaré, que ses craintes sont puériles, que l'arbitraire seul pourrait porter le remède aux têtes malades.

Quant à l'organisation civile du royaume, folle entreprise dans l'état actuel des esprits, où l'élection produirait non pas des choix simplement démocratiques, mais plutôt des choix réellement anti-monarchiques; entreprise vaine, sous la circonscription existante, qui demande à être d'abord réglée dans des limites élargies et d'après les relations naturelles : sans doute la commission n'est chargée que de prendre des informations, d'exposer ses méditations.

D'autre part, à l'occasion de ces fraudes, de ces manœuvres électorales, qui en retour de quelques députés expédiés à l'ancien ministère, ont aigri et aliéné tant d'électeurs, ont fourni tant d'organes au parti libéral; un projet de loi est présenté, justement pour les marquer du sceau de l'infamie, et en même temps pour en prévenir le désastreux renouvellement.

La Chambre également avide de justice, ambitieuse d'honneur, ne reste pas en arrière, et abolit, par un cri unanime de mépris, ce décret qui n'a pas de nom, qui n'eût jamais de sens, dernier hoquet de l'agonie ministérielle.

Mais qu'elle prenne garde et qu'elle tremble d'envahir sur le domaine de la prérogative royale : qu'elle tremble surtout de détourner à son profit, quelque part de l'ascendant tutélaire, de l'amour et de la foi, que la couronne mérite par la pureté de ses intentions, qu'elle requiert pour l'exécution de ses nobles vues.

Encore la Chambre était-elle en droit, attendu qu'elle était seule en pouvoir, de rappeler la question de la réélection des députés : problème variable et équivoque, dont, par l'effet d'un sort trop commun, la solution fut repoussée à l'aide du scrutin, alors qu'elle était prescrite au sein des consciences, et sera adoptée ensuite, par cela même qu'elle devient superflue, malgré qu'elle soit nuisible peut-être.

Là doit s'arrêter le royalisme ; là doivent se relâcher ou même se rompre, les liens obligés qu'il a dû former avec le libéralisme, afin de se défendre en commun contre les atteintes de ce lâche arbitraire, ennemi juré des opinions les plus opposées, pour peu qu'elles tirent leur source de l'un ou l'autre de ces principes ou plutôt de ces sentimens gravés au cœur de l'homme, la foi en l'autorité et l'amour pour la liberté.

D'autant qu'une telle alliance qui semblait contre nature, au jugement des gens sans jugement, est rendue à son terme, après avoir arraché des marches du trône ce pouvoir parasite, dont le poids intolérable l'ébranlait de jour en jour, et ne parviendrait en le dépassant, en brisant toutes les barrières, qu'à presser, à forcer ce semble, la royauté de se réfugier sous l'égide des coups d'Etat, de s'abandonner de nouveau à leur insigne promoteur.

Deux fois les autels de la loi ont subi la profanation : et le premier sacrilège étant resté impuni, le second a paru autorisé, le troisième serait censé commandé.

Aussi les esprits sont émus et inquiets : ils n'aspirent qu'à prévenir le retour de la censure facultative, si nettement, si justement entendue pour le salut de l'Etat, si perfidement, si sottement appliquée au profit du ministère.

Et chose étrange, à peine l'idée est-elle venue de poursuivre le délit, de punir le coupable.

Il semble qu'en cet obscur et sombre recoin des ames, qui, par habitude sans doute, est encore désigné sous le nom du siège de la conscience, quelque vague instinct insinue à chacun des juges présumés, qu'en un cas pareil, il aurait de même transgressé et qu'ainsi son arrêt le condamnerait par anticipation.

Ou c'est peut-être qu'en matière de politique, le sophisme a tellement usurpé le sceptre de la discussion, s'est tellement joué du vrai et du faux, du juste et de l'injuste, qu'à cette heure, le sens le plus profond, le plus pur sentiment, si souvent abusés, tremblent de se laisser tromper par les

apparences , sur l'existence de l'acte , ou sur l'i-
dentité de l'auteur.

On ne punira pas. La catastrophe passe à titre
de châtiment : et en effet , comme pénitence pour
l'individu , comme expiation envers la société ,
elle suffit ; mais une telle punition , en satisfaisant
la vindicte publique , n'opère pas sous le rapport
de la prévention légale ; et tout autre ministre ,
perdu de crédit , essaiera des mêmes moyens pour
se raffermir , sous le seul risque d'être expulsé ,
qui déja le menace de près.

Cependant il faut, de manière ou d'autre, prévenir, réprimer, sauver l'Etat. Le génie se met
donc à la torture ; et qu'invente-t-il ? Rien moins
que d'enlever l'occasion, d'étouffer la tentation,
tout simplement en abolissant le droit de censure
facultative.

Ainsi les actes où l'arbitraire s'est insolemment
affiché, sont mis hors de cour ; et la loi où l'arbitraire s'est furtivement introduit, est mise à
néant.

Parce qu'un ministre aura abusé d'une loi,
dans son intérêt personnel, son successeur ne
pourra en user pour le bien public ; en sorte que
l'anarchie est instituée à double titre, en double
mesure, par cela que la justice ne se fait pas, et
que la légalité n'existe plus.

Vous allez donc abolir la censure facultative : fort bien.

Puis vous devrez abolir aussi le fond d'amortissement, attendu que le ministre, constant dans ses voies, en a dirigé l'emploi au mépris de l'équité, à rebours de la convenance, en dépit de ses paroles mêmes.

Puis vous aurez à abolir le droit de nomination des Pairs, attendu qu'il a grossièrement violé sous ce rapport, et l'esprit de la Charte, et la lettre du sens commun.

Puis.... Mais faites mieux : finissez-en d'un seul trait de plume. Dans le fait, toutes ces lois, les unes qui prescrivent, les autres qui prohibent, ont pour effet certain d'exciter les gens à leur violation ; ce ne sont que des pièges perfides, de lâches embûches où viennent tour à tour tomber et se laisser prendre, l'ambition, la vengeance, la cupidité, passions indigènes de l'espèce humaine.

Les lois font le crime : qu'il n'y ait plus de lois, il n'y aura plus de crime.

Cela simplifie admirablement le mécanisme social.

Tandis qu'un sentiment de respect ou un instinct de pitié ou un calcul de prudence, empêche que la question des hommes soit résolue, le sort, par la plus fatale compensation, va peut-être trancher la question des choses.

Le principe de réaction, se développe dans l'ordre moral comme dans l'ordre physique; au même degré qu'il a été comprimé, aussitôt que la liberté lui est rendue, le ressort se relève.

Les esprits récemment affectés et irrités, n'écoutent que les souvenirs, ne répondent qu'à la mémoire; ils sont tourmentés ce semble, du besoin de se venger du passé, ombre vaine maintenant.

Et la censure facultative, imposée dans des vues odieuses, exercée d'une indigne manière, ayant été prise en horreur, soulève encore l'ame; à peu près comme une médecine violente qui aura occasioné des convulsions, répugnera long-temps aux sens.

C'est une rage également motivée, qui excite l'enfance à briser le vase où est conservé le remède, et l'opinion, à détruire la loi d'où provenait la censure : intelligences bornées auxquelles il n'est pas donné de prévoir qu'une crise soudaine, peut en réclamer le salutaire usage.

Jamais, l'opinion ne fût plus impétueuse, plus inconsidérée; le feu a été mis aux têtes et jette une vive flamme. La nécessité l'ordonnait; le succès absout. Dans cette lutte à outrance, il fallait animer, enhardir les esprits; il fallait recruter tous les auxiliaires, employer toutes les armes, car le péril était imminent, était extrême.

Or, les flots courroucés ne se calment pas, ne s'aplanissent pas, à l'instant même où les vents ont cessé de souffler : loin de là, l'opinion ou factieuse ou loyale, agissant de concert, brûlant d'égale ardeur, a triomphé : et la victoire fuit le lit de repos, s'élance à travers les hasards, volant de conquête en conquête.

La thèse de liberté absolue, sera soutenue vivement d'un bord, sera probablement appuyée de l'autre, car le bon sens même et l'honneur ont tourné en passion.

Telle est la fougue des idées, que toute entrave pèse, que toute barrière révolte ; semblable à un cheval échappé, l'esprit ne va plus que par sauts et par bonds.

Le degré du paroxisme indique la nature du spécifique. C'est en raison même de cette effervescence qui s'élève et s'irrite contre les mesures restrictives, que ces mesures sont commandées par la prudence : d'autant que le maniaque en furie se débat contre les liens qui le contiennent, d'autant pour le repos public, pour son propre salut, ses gardiens sont empressés à les maintenir ou même à les resserrer.

Dans cet état de choses, les présages qui sembleraient menacer du retour de l'ancien minis-

tère , donneraient plutôt de l'autorité aux ré-
flexions publiées sous son fatal empire.

« Il faut le dire hautement , s'il existait en France quelque sentiment de moralité politique , quelque idée nette
de la légalité ; si la hiérarchie était efficacement établie
entre les pouvoirs sociaux ; si l'harmonie était maintenue
entre les paroles de la loi et les actes du ministère , au
moyen de ce que ces actes fussent incessamment compa-
rés aux paroles et approuvés ou réprouvés en consé-
quence ; pour lors , la faculté d'user de la censure devrait
être consacrée à jamais , car son emploi peut devenir
utile , et ne saurait plus être nuisible.

« On sait trop ce qui en est , puisque les ministres
n'ont pas même été interpellés sur les motifs qui avaient
pu les décider à prendre cette mesure ; et rien n'est plus
déplorable , attendu que s'il n'est point rendu compte de
la conduite suivie en vertu d'une loi facultative , les pouvoirs doivent trembler d'en prolonger la durée , bien que
cela fût commandé pour parer à des périls inattendus.

« Toutefois, l'abus de la censure ne semble pas , dans
ses plus fâcheux résultats , pouvoir être balancé avec les
précieu es garanties que doit porter , en certains cas , l'emploi de la censure. Si l'arbitraire non contrôlé , non ré-
primé , menace de traîner le char de l'Etat dans un bour-
bier, d'où nul effort ne sera capable de le tirer ; au moins
il faut un certain laps de temps avant que cette honteuse
fin soit accomplie ; tandis qu'en un clin d'œil , à l'heure

même, quelque crise révolutionnaire, éclose dans des circonstances opportunes, est appelée peut-être à le précipiter jusqu'au fond de l'abîme, où l'œil étonné ne saurait plus en apercevoir les tristes débris.

« Ministres trop chanceux cette fois, félicitez-vous, glorifiez-vous, s'il se peut que vous en ayez le cœur ! Ce sont vos méfaits même qui contraignent à vous remettre, en dépit de tant de craintes, l'égide préservatrice de la censure ; vos méfaits qui luttant incessamment contre les insignes faveurs du ciel, ont ravi à la France royaliste, toute union, toute force, toute espérance, et l'ont dissoute comme en poussière ; vos méfaits qui, en sens inverse, ont laissé se recruter, se constituer en corps de nation, possédant ses lois et ses chefs, jouissant de la puissance du nombre et de l'habileté du génie, la France libérale. » (*Des Journaux*, etc., IIIe Partie, p. 32.)

A. PIHAN DELAFOREST,
Imprimeur de Monsieur le Dauphin et de la Cour de
Cassation, rue des Noyers, n° 37

9 782013 588683